TRAITÉ

DES NÉGATIONS

DE LA

LANGUE FRANÇOISE.

Conveniat verbo cui apponitur.... nisi aliquid
efficitur, redundat. QUINTIL. *l.* 8 *, cap. 6.*

A PARIS,

Chez GUILLOT, Libraire, à l'ancien
Collège de Bayeux, rue de la Harpe.

M. DCC. LXXX.

Avec Approbation, & Permission.

AUX AUTEURS.

Messieurs,

J'ai l'honneur de vous dédier un *Traité des Négations de la Langue Françoise*, parce que je me suis apperçu, en lisant vos Ouvrages, que vous n'êtes point d'accord entre vous sur l'usage que vous faites de la *Négation :* les uns la rejettant, & les autres l'admettant indifféremment dans la même phrase, avec les mêmes mots, & dans les mêmes circonstances ; & que par ce petit Traité de Paix je cherche à vous ramener, s'il est possible, tous à un même sentiment. Un Petit-Maître de la Cour, enivré de sa grandeur, de ses richesses, & de sa gloire, ne manquera pas de dire, qu'il vaudroit mieux vous dédier un Traité des *Négations* de la fortune, qu'un Traité des *Négations* de la Langue Françoise. Mais quand il seroit vrai que la fortune ne regardât pas toûjours les Auteurs d'un œil favorable, quoique dans ce siecle on en voie plusieurs auxquels la fortune a souri très-agréablement, & que jamais il n'y eut siecle où la fortune ait moins exercé ses rigueurs à leur égard, & paroisse avoir moins eu pour eux un visage *négatif;* vous n'en seriez pas pour cela, Messieurs, moins estimables. La pauvreté, dit Plutarque, en parlant du juste Aristide, n'a rien de honteux, dès qu'on l'a choisie préférablement aux richesses pour vivre avec plus de probité, & pour être plus à même de s'appliquer aux Sciences & aux beaux Arts; & c'est en ce sens que les Romains disoient : *Bonæ mentis soror est paupertas.* La pauvreté n'est honteufe, ajoûte l'Hiftorien d'Ariftide, que pour ceux qui font pauvres malgré eux, qui ont fait, & qui font encore journellement tous leurs efforts pour devenir riches, fans pouvoir y parvenir, & non pour ceux qui l'ont embraffée généreufement & volontairement, tel qu'Ariftide, Socrate, Curius, Fabricius, &c. Ainfi les Auteurs, puifqu'en général ils aiment mieux acquérir des connoiffances que des richeffes, & qu'ils ne travaillent que pour orner la mémoire & améliorer leurs mœurs & leur efprit, doivent-ils être réputés pauvres, & fe trouvent-ils dans la claffe de ceux que les Grands rebutent, à raifon de leur peu de fortune ? Auffi ont-ils moins à craindre aujourd'hui de n'être pas eftimés des Grands, & même de n'obtenir pas leur faveur, puifqu'il n'y en a plus à préfent, ni à la Cour, ni à la Ville, qui ne fe faffe une gloire de les bien accueillir; & c'eſt à la Philoſophie (1), MESSIEURS, que vous devez cette heureuſe ré-volution : car à meſure que les lumieres s'étendent, les riches même deviennent plus humains & plus raiſonnables. Plutus a toujours eu un bandeau ſur les yeux ; & dans tous les âges du monde, les hommes ſe ſont plaints qu'il diſpenſoit preſque toujours ſes faveurs en aveugle. Un ſage Adminiſtrateur, dont la bienfaiſance eſt toujours éclairée du flambeau de la Philo-ſophie, a déja levé un coin du bandeau, enſorte que Plutus com-mence à y voir ; & il faut eſpérer que ſes dons ſeront déſormais ré-pandus avec plus de choix, & que vis-à-vis des Auteurs, il y aura

---

(1) Toutes les fois que l'Auteur parle de Philoſophie dans cet Ouvrage, il entend la vraie Philoſophie, la Philoſophie qui nous rend religieux & citoyens, généreux & bienfaiſans, amis de Dieu & amis des hommes.

moins de *négations* à l'avenir dans ses bienfaits; quoique depuis long-temps les Poëtes ne se plaignent plus, ne gémissent plus, & ne disent plus comme autrefois : *Inge-nium quondàm fuerat pretiosius auro.*

Si je prends donc la liberté, MESSIEURS, de vous dédier ce petit Ouvrage sur les *Négations de la Langue Françoise*, je vous dirai, avec M. *Pincé*, que c'est pour une infinité de raisons. Mais ma premiere raison, ma grande raison, ma bonne raison, c'est que vous êtes les seuls qui pouvez m'entendre, & les seuls qui pou-vez profiter des observations que j'ai faites en lisant vos Ouvrages. Ce n'est pas que je prétende vous apprendre quelque chose que vous ne connûssiez pas auparavant, car ce n'est pas aux Maîtres que les Disciples peuvent montrer leur Art; mais quelquefois il arrive que

les obfervations des Difciples ne
font pas inutiles pour les Maîtres.
Il y a une grande différence entre
le Grammairien & l'Orateur : celui-
ci fera des fautes contre la Grammaire, & n'en plaira pas moins;
tandis que l'autre qui n'a fait aucune faute contre la Langue, n'en
plaira pas davantage. Les fils d'Ef-
culape, Machaon & Podalire,
fçauront mieux qu'Homere, dif-
ferter fur la qualité des remedes
qu'il faut appliquer à la bleffure de
Ménélas; mais pour qu'ils plaifent
& qu'ils inftruifent à la fois, il faut
qu'Homere les faffe parler. Je ferai
infiniment flatté, fi vous voulez
bien agréer les fentimens d'eftime,
& le refpect profond avec lequel
je fuis, &c.

TRAITÉ
DES NÉGATIONS
DE LA
LANGUE FRANÇOISE.

ON peut en général dire de la *Négation,* ce qu'a si judicieusement dit Quintilien de l'Épithete : que les Poëtes peuvent quelquefois s'en servir indifféremment & avec liberté : *eâ Poëtæ liberiùs utuntur ;* mais que les Orateurs & tous les Ecrivains en prose, ne doivent ni la retrancher lorsqu'elle est nécessaire & qu'elle convient au verbe qu'elle accompagne : *conveniat verbo cui apponitur,* ni l'admettre lorsqu'elle n'ajoute rien au sens, puisqu'alors elle devient superflue : *nisi aliquid efficitur, redundat.* Que Racine, l'élégant & judicieux Racine (1), s'exprime ainsi :

Sçais-je *pas* que Taxille est une ame incertaine ?...
Craignez-vous que mes yeux versent trop peu de larmes ?...

______

(1) Aucun Poëte moderne ne paroît avoir mieux rempli que Racine ce précepte d'Horace ; *Non satis est pulchra esse poëmata, dulcia sunto.*

A 5

Mon oreille n'eſt point bleſſée de ſentir en ces endroits la *Négation* ſupprimée, & l'on pardonne en faveur du ſens, de la penſée, & ſurtout de la rime, une infraction légere aux regles de Syntaxe. Mais cette même faute, on ne la pardonnera pas à l'Orateur, au Proſateur, puiſque celui-ci n'éprouve aucune contrainte dans ſon ſtyle, & n'eſt point aſſervi aux regles gênantes de la verſification. La Langue proſaïque & la Langue poëtique différent entierement, & & le froid tribunal de la Grammaire n'eſt pas fait pour être érigé au haut du Parnaſſe.

Par une raiſon ſemblable à celle que nous venons d'expoſer en prenant des exemples dans Racine, on pardonne également aux Poëtes d'admettre quelquefois la *Négation* & d'en faire uſage dans certaines circonſtances, d'où la banniſſent les regles de Grammaire, par exemple :

Avant qu'on *ne* ſubiſſe un ſi rude eſclavage,
Plutôt qu'on *ne* verroit votre cœur dégagé,
Il ne tiendra qu'à toi qu'aux effets je *ne* paſſe ;
Il n'eut pas *moins* d'eſprit qu'il *n*'avoit de courage,
N'ayant pas *mieux* parlé qu'on *ne* l'avoit prévu, &c.

Il paroît qu'ici la *Négation* eſt redondante, ainſi que s'exprime Quintilien :

redundat ; & c'eſt le cas de dire avec la Sçavante de Moliere :

De *ne* mis avec *non* tu fais la récidive ;
Et c'eſt, comme on t'a dit, trop d'une négative.

On ne doit donc pas la ſouffrir en proſe, ſans y être autoriſé, ou par l'uſage, ou par la regle. Or nous verrons ſi l'uſage & la regle la proſcrivent ou l'exigent dans ces ſortes de phraſes. Mais en poëſie, c'eſt toute autre choſe ; l'on a un champ plus vaſte, & le Poëte peut avec liberté enfreindre les loix de la Grammaire, pourvu qu'il ne ſe transforme jamais en Proſateur. Le langage poëtique eſt un langage à part : *aliud eſt grammaticè, aliud poëticè loqui,* dit encore le même Quintilien. La Poëſie a ſes poids & ſes balances pour peſer les vers ; la Proſe a les ſiens également : mais les poids & les meſures de l'une ſont très-différens des poids & des meſures de l'autre, ainſi que l'a fait voir l'Auteur du *Racine vengé.* Le Poëte peut franchir les barrieres impoſées par la Syntaxe, lorſqu'il en réſulte pour le vers une beauté nouvelle, ou lorſque la tournure en devient plus propre à flatter l'oreille : *Suavitatis causâ peccare liceat.* Il peut, il doit même, ſuivant les circonſtances, s'élever au-deſſus d'un purifme grammatical, brifer les chaînes de la conftruction, & fecouer le joug de la Syntaxe, pourvu qu'il en réfulte une beauté pour le fens, & un agrément pour l'oreille. Si par exemple, à ce charmant vers de Quinaut :

Plutôt qu'on ne verroit votre cœur dégagé,

on vouloit fubftituer celui-ci :

Avant qu'on vît jamais votre cœur dégagé,

il eft certain qu'il n'y auroit plus de faute contre la Syntaxe ; mais je ne fçais quel charme difparoîtroit, pour ne laiffer plus appercevoir qu'une tournure profaïque, quoique noble & élégante, &c. On paffe donc aux Poëtes leurs fautes de Grammaire, en faveur de leurs beautés poëtiques. C'eft ainfi que dans Corneille & Moliere, les vices du langage font effacés par les traits de génie dont brillent leurs Ouvrages. *Nous vous tenons quitte*, difoit Madame de Sévigné à un jeune Poëte, qui prétendoit avoir fait une Tragédie dans le goût de Corneille, fans être tombé dans fes fautes de langage ; *Nous vous tenons quitte de fes beautés ; donnez-nous feulement fes défauts, & nous ferons fatisfaits.*

Nous fommes donc obligés de prévenir le Lecteur, que dans les difficultés que nous allons agiter touchant les *Négations*, nous ne prétendons nullement donner atteinte aux loix de la Poësie, ni combattre les lo-cutions poëtiques ; car la contrainte du vers, la gêne de la rime, & la difficulté de la verfification, ont fait accorder à la Poëfie des droits, des licences & des pri-viléges, auxquels ne participent point les Profateurs, dont la diction doit toujours être pure, exacte & correcte.

Les Grammairiens diftinguent les *Né-gations*, d'abord en particules négatives, qui font les *Négations* propres, les vraies *Négations*, les feules *Négations* : *Non*, *ne*, *pas*, *point*, & *point du tout* qui répond au *minimè* des latins ; enfuite en adverbes négatifs de comparaifon, comme : *plus*, *moins*, *mieux*, *pis*, *autrement*, &c. ; en adverbes négatifs abfolus : *rien*, *jamais*, *nullement*, *finon*, *fi ce n'eft*, &c. ; en con-jonctions négatives : *à moins que*, *de crainte que*, *de peur que*, *ni*, &c. ; en adjectifs négatifs de comparaifon : *meilleur*, *pire*, *moindre*, *autre*, &c. ; en pronoms négatifs indéfinis : *aucun*, *nul*, *perfonne*, *pas un*, *qui que ce foit*, &c. ; enfin en prépofitions négatives, comme *fans*, &c. Mais tous ces mots divers, appellés négatifs, ne portent ce nom qu'à raifon de la *Négation ne* qu'ils entraînent toujours avec eux, par exemple : cela eft *plus* grand, ou *moins* grand, ou

pis, ou *autrement* que vous *ne* dites : *rien
ne* vous convient, vous *n'êtes jamais* content, cela *n'*est *nullement* de votre goût, &c. ;
à moins que vous *ne* veniez, *de crainte que*
vous *ne* passiez, *de peur que* vous *ne* tom-
biez ; *ni* vous, *ni* lui, *ni* moi, *ne* sommes
raisonnables, &c. : cela est *meilleur*, ou
pire, ou *moindre*, ou *autre* que vous *ne*
pensez, &c. : *pas un ne* l'a dit ; *aucun ne*
vous en parle, *nul n'*en raisonne, *personne
n'*en convient, &c. Quant à *sans*, *sinon*,
si ce n'est, ce sont des mots composés de la
Négation ne, &c. Dans la Langue Latine,
mere de la Langue Françoise, on reconnoît
également que les mots : *nullus*, *nunquàm*,
nihil, *nisi*, *neuter*, *quin*, *ni*, *nè*, *nemo*,
nequaquàm, *sinè*, &c. sont formés de la
Négation non. Ainsi, les doutes qui peuvent
s'élever à l'égard des *Négations*, ne regar-
dent absolument que la négative *ne*, suivie
d'un *verbe*, & précédée d'un *que* ; les autres
particules ne faisant naître aucune difficulté.

Doit-on dire : *Avant que* vous *ne* fassiez,
ou *avant que* vous fassiez, ou *avant que* vous
fassiez cela, & que vous *ne* veniez me voir,
en répétant seulement le *que* dans le second
membre de la phrase ? Le Rhône impétueux
remontera vers sa source, *avant que*, ou

plutôt que le Suisse oublie, où *n*'oublie la liberté. Antiochus ne sortira point de l'enceinte de ce cercle, *avant qu*'il ait prononcé, ou *avant qu*'il *n*'ait prononcé oui, ou non. Prenez-garde que je ne dis pas : *qu*'il *n*'ait prononcé, *quin dixerit,* en sous-entendant la préposition exclusive *sans,* mais *avant qu*'il ait prononcé, *antequàm dixerit,* &c. Un grand Auteur, un brillant Auteur, & l'un des plus fameux Auteurs qui aient jamais existé, soit pour le fond des pensées & la partie du raisonnement, soit pour les agrémens du langage & la partie du style, s'exprime toujours de la sorte : *avant que* vous *ne,* &c. : *avant que vous* ne *parveniez à ce période, avant que le corps* ne *soit développé, avant que l'ame* ne *se manifeste, avant que ses soins* n'*eussent inspiré cet attachement,* &c. Si l'on doit dire, *avant que* vous *ne,* &c., alors la préposition *avant que* deviendra négative, ce qu'elle n'a point été auparavant, puisque la *Négation* n'a jamais avec elle fait société que sous la plume d'un grand Ecrivain, il est vrai, dont l'autorité suffiroit non-seulement pour la faire recevoir & lui donner droit de Bourgeoisie, mais encore pour l'illustrer & l'annoblir.

Doit-on dire : César en mourant *ne* laissa

pas *moins* de fortune à ſes Satellites, qu'il laiſſa, ou qu'il *ne* laiſſa de vices à l'Univers? Une grande parleuſe, ſi elle n'eſt pas jolie, n'eſt pas *mieux* écoutée que l'eſt ou que *ne* l'eſt un grand parleur. Alexandre *n'a* pas eu pour l'Illiade *plus* d'admiration que *n'en* a eue , ou qu'en a *eue* Frédéric pour la Henriade. Les Viſirs des Deſpotes *n'ont* pas ordinairement *plus* de probité qu'il faut ou qu'il *ne* faut, qu'il *ne* convient ou qu'il convient d'en avoir. Fénélon *n'étoit* pas *plus* Moliniſte, que Boſſuet étoit ou *n'étoit* Janſéniſte. Les fictions d'Homere *ne* ſont pas *moins* utiles qu'elles ſont ou qu'elles *ne* ſont agréables. Les Provinces *ne* doivent pas payer *plus* qu'elles reçoivent ou qu'elles *ne* reçoivent. Turenne en mourant *ne* laiſſa paſ *moins* de vertus à l'Univers, qu'il laiſſa ou qu'il *ne* laiſſa peu de fortune à ſa famille. Cela *n'eſt* pas *autrement* que vous dites, ou que vous *ne* dites. Sa fortune *n'eſt* pas *meilleure* aujourd'hui, qu'elle étoit ou qu'elle *n'étoit* auparavant. Ses richeſſes *ne* ſont pas *moindres* que vous l'avez dit ou que vous *ne* l'avez dit. On *ne* peut répandre *plus* d'agrément & *plus* de ſel dans cette piece de Poëſie, que l'Auteur a ſçu ou *n'a* ſçu le faire. Il eſt *impoſſible* de *mieux* verſi-fier que vous l'avez fait ou que vous *ne* l'avez fait. Les Afiatiques, en fe donnant des Maîtres arbitraires, ne pouvoient faire *pis* qu'ils ont fait ou qu'ils *n'*ont fait, &c. Enfin, quand la *Négation* eft déja exprimée dans le premier membre, doit-elle encore l'être dans le fecond ? On trouve des exemples pour & contre dans les Auteurs ; mais ceux qui admettent la *Négation* dans le fecond membre, après l'avoir déja annoncée dans le premier, fur quoi font-ils fondés, puifque les adjectifs & adverbes négatifs de comparaifon femblent ne devoir exiger la *Négation* qu'une fois ; & fi l'Ecrivain veut la redoubler, il détruit au fecond membre de la phrafe ce qu'il affirmoit au premier ? Dans ces exemples : Racine devoit être *plus* fier de fes talens, que *ne* doivent l'être, & le Noble de fa naiffance, & le Financier de fes richeffes. Le Citoyen eft toujours *moins* timide que *ne* l'eft un Efclave. Les Dieux ont donné dans Caton un modele de vertu, *meilleur* qu'ils *ne* l'avoient donné dans Ulyffe. Vos richeffes s'augmenteront *plus* que vous *ne* penfez, à mefure que vous en ferez part à plus de monde. Le Romain s'aimoit encore *plus* lui-même qu'il *n'*abhorroit fes tyrans. Caton penfe *autrement* que *ne* penfe Catilina. Le fyftême du réfroidiffement du globe eft-il

mieux attaqué qu'il *n'*eſt défendu , &c. ?
Dans toutes ſes locutions , dis-je , & autres
ſemblables , il eſt évident que la *Négation*
doit néceſſairement ſe trouver au ſecond
membre de la phraſe , puiſque les adjectifs
& adverbes négatifs de comparaiſon l'exigent , ou avant ou après , ou exprimée ou
ſous entendue , comme dans cette phraſe :
Les Gens de Lettres ſont *plus* Citoyens
que les Gens de Cour , c'eſt-à-dire , *que ne*
le ſont les Gens de Cour , & la négative eſt
ſous entendue , &c. Enfin , les adjectifs
adverbes de comparaiſon doivent-ils être
toujours accompagnés de la *Négation* au
ſecond membre de la phraſe , lorſqu'elle
eſt déja exprimée dans le premier , & faut-
il exiger la négative dans les deux cas à la
fois ?

Doit-on dire : Peut-on être *plus* malheureux que je le ſuis , ou que je *ne* le ſuis ?
Qui a pu imiter Caton *plus* parfaitement
que le fit Brutus , ou que *ne* le fit Brutus ?
Perſonne a-t-il de *meilleures* mœurs que le
ſont les vôtres , ou que *ne* le ſont les vôtres,
&c. ? Par quelle raiſon , & l'oreille & le
ſens ſemblent-ils demander , dans ces ſortes
de locutions , le retranchement de la négative ? Seroit-ce préciſément parce qu'elle
renferment une interrogation ? Mais nou

venons de voir qu'il faut dire : Le ſyſtême du réfroidiſſement du globe eſt-il *mieux* attaqué qu'il *n'*eſt défendu, &c. ?

Doit-on dire : *Doutez*-vous que Fabricius ſoit ou *ne* ſoit le plus grand des Romains? Je doute qu'Athénée fût ou *ne* fût le plus ſçavant des Grecs. Vous *doutez* qu'on doive ou qu'on *ne* doive mourir pour la cauſe du bien publique. *Doutez*-vous que ce ſoit là ou que ce *ne* ſoit là, ce que pratiquoient les Romains, &c. ? En un mot, y a-t-il & peut-il y avoir des occurrences ou le *que*, précédé des verbes de *doute*, lorſqu'il s'exprime par *utrùm*, & non par *quin*, ſoit que le verbe devienne interrogatif comme *doutez-vous*, ſoit qu'il devienne affirmatif, comme *je doute que*, doive être accompagné de la *Négation* ?

Doit-on dire : On ne fera point de bons Livres touchant la félicité publique, *juſqu'à* ce qu'on jouiſſe ou *ne* jouiſſe de la liberté de la preſſe. *Tant s'en faut* que le Traducteur ait ou *n'*ait rendu le ſens, c'eſt que, &c. *Loin que* ſous un grand Roi on faſſe ou l'on *ne* faſſe des progrès vers l'eſclavage, c'eſt qu'au contraire il abolit la ſervitude. *Tant s'en faut* que les malheurs répandus ſur la terre par l'uſurpation de Céſar aient été ou *n'*aient été réparés, c'eſt que, &c. &c.

Ce qui fait que quelques Auteurs admettent la négative dans ces fortes de locutions, c'eft qu'ils croient que le verbe au fubjonctif eft régi par *quin*. Mais le *que*, dans les phrafes précédentes, eft exprimé par *donec*, *ut*, *ufquedùm*, &c., & alors il n'exige pas la *Negation*, à moins que l'ufage n'y foit contraire. On dit bien : *multùm* ou *parùm abeft quin*, mais on dit : *tantùm abeft ut*, &c. *Ufquedùm* ou *donec* peuvent auffi fe rendre par *quin*; mais alors on fait difparoître *jufqu'à*, en laiffant feulement *que*, & en fous-entendant la particule *fans*. On ne fera point de bons Livres touchant la félicité publique, *qu'*on *ne* jouiffe de la liberté de la preffe.

Voilà à peu-près & en général les exemples qu'on peut rapporter touchant les *Négations* admifes fans néceffité,& qui n'ajoutent rien au fens de la phrafe : *Nifi aliquid efficitur*, *redundat*. Voyons à préfent des exemples de négatives omifes & fupprimées.

Doit-on dire : Je n'*empêche* pas que le Citoyen combatte ou *ne* combatte pour la liberté ? Eft-il poffible d'*empêcher* que ce qui a été fait, ait été fait ou *n'*ait été fait? Si le Riche peut *empêcher* que le Pauvre fouffre ou *ne* fouffre, c'eft un voleur de ne le pas faire, &c. Un Ecrivain ingénieux, célebre dans toute l'Europe par l'élégance & la vivacité de son style, *supprime toujours la Négation après empêcher. Le Gouvernement doit empêcher que l'on opprime le Cultivateur. Il ne faut pas empêcher que l'économie s'introduise dans la Finance*, &c. Je crois qu'il a tort, puisque ni l'usage, ni la regle ne peuvent l'autoriser à ce changement. Oter la négative après *empêcher*, est une faute dont on s'apperçoit tout à coup; & si d'abord elle ne saute pas aux yeux, elle saute incontinent aux oreilles.

Doit-on dire: Il faut *éviter* que nous fassions ou *ne* fassions cette faute. *Prenonsgarde* qu'il nous arrive ou qu'il *ne* nous arrive d'abandonner la vertu. Nous *appréhendons* que cet homme soit ou *ne* soit malheureux. Pourquoi *prohiber* que l'on glane ou qu'on *ne* glane dans les campagnes, &c.?

Doit-on dire: Je ne *doute* pas que l'or soit ou *ne* soit la seule divinité qu'on adore à la Cour? Car si l'on ôte le subjonctif, c'est-à-dire, le sens douteux, le sens indéfini, & qu'on prenne la voie affirmative en se servant de l'indicatif ou du sens défini, la *Négation* disparoîtra: Je ne *doute* pas que l'or est la seule divinité qu'on adore à la Cour, &c. Je puis vous parler *sans que* vous

vous fâchiez, eſt fort bien dit, *quin iraſ-caris*. Mais ſi j'exprime la *Négation* dans le premier membre de la phraſe, en offrant un ſens contraire à l'eſprit : Je *ne* puis vous parler, faut-il dire, *ſans que* vous vous fâchiez, ou *ſans que* vous *ne* vous fâchiez; car ſi je ſupprime le *ſans*, & que je le laiſſe ſous entendu, je dois dire : *que* vous *ne* vous fâchiez, &c.?

Doit-on dire : on *ne* peut *diſconvenir* que Caton aimât ou *n'*aimât la liberté? Peut-on *nier* que la philoſophie rende ou *ne* rende les hommes citoyens? Il *n'*eſt pas *impoſſible* qu'il réuſſiſſe ou qu'il *ne* réuſ-ſiſſe. Je *ne* déſapprendrai pas à mon âge que la vertu ſoit ou *ne* ſoit préférable aux richeſſes. Il *n'*eſt pas que vous ſachiez ou que vous *ne* ſachiez. Il *n'eſt pas juſqu'*aux ouvrages de marbre qui ſe détruiſent, ou *ne* ſe détruiſent? &c. Il paroît que dans toutes ces phraſes on doit ſe ſervir de *quin*, & alors la négation eſt néceſſaire.

Doit-on dire : il a fait *plus* qu'il devoit ou *ne* devoit? Si je retranche la négation, je me conforme au latin : *fecit plus quàm debuit*, dit Térence. Il a parlé *plus* qu'il faut, dit Plaute : *Dixit plus quàm ſat eſt*. La choſe eſt *autrément* que vous croyez, ou c'eſt *autre* choſe que vous croyez, dit

Tite-Live : *Aliter res est quàm credis* ; au lieu de cette expression Françoise : C'est *autre* chose que vous *ne* croyez, c'est-à-dire lorsque le *que* ne se rapporte pas à *chose*, mais à *autre*, & que par-là il devient adverbe & non relatif, car si je dis, c'est *autre* chose *que* vous pensez, pour dire *à quoi* vous pensez, il est certain que la négative disparoîtra. Saluste dit aussi : *Dixit aliter Cicero quàm dixerat Catilina* : Cicéron parla *autrement* qu'avoit parlé, & non que *n*'avoit parlé Catilina, &c.

Doit-on dire : cela est ou *n*'est de *nulle* valeur : ce traité peut être ou *ne* peut être de *nulle* conséquence, *&c. Les richesses sont de nulle considération devant Dieu*, a dit Pascal, l'un des hommes qui a le mieux écrit en françois, & dont l'autorité est d'un grand poids, &c. &c.

Pour répondre à toutes ces difficultés & autres semblables qu'on peut élever touchant les *négations*, & pour dissiper tous les doutes qui peuvent se présenter à l'esprit d'un Auteur dans la composition de son Ouvrage, voyons quelles sont les regles qu'on doit suivre, soit pour retrancher la négation, soit pour l'admettre, non en parlant, mais en écrivant, car il faut toûjours distinguer la langue parlée d'avec la langue écrite. On peut faire, on doit même faire des fautes en parlant, foit par inadvertence, foit par négligence : la converfation vous entraîne, le feu vous emporte, & vous fongez plus à ce que vous dites qu'à la maniere dont vous le dites. On ne fe choque point de cela ; & ce feroit une affectation bien pédantefque de reprendre les gens, foit hommes, foit femmes, & de trouver à redire à leurs expreffions ou à leur langage. On peut appliquer à ceux qui les reprennent ces vers de Laynez.

> Je fens que je deviens purifte
> J'arrange au cordeau chaque mot :
> Je fuis une phrafe à la pifte
> Je pourrois bien n'être qu'un fot.

On doit même faire des fautes par ignorance ; la plupart des Dames, foit à la Ville, foit à la Cour, doivent en faire & en faire par ignorance, puifque l'étude d'une Langue eft l'étude de la vie ; & que pour la fçavoir parfaitement, ainfi que pour exceller dans un inftrument, pour être une flutte, un violon, un haut-bois, &c., il faut s'y appliquer toute la vie. Il feroit donc fort ridicule d'exiger des Dames, puifqu'elles ne fçavent pas le latin,
qu'elles

qu'elles parlaſſent ou qu'elles écriviſſent en françois comme un Grammairien qui connoît l'analogie de la Langue françoiſe avec la langue latine. (1)

Dans la Langue écrite, il faut encore diſtinguer la Poéſie de la Proſe; il eſt permis aux Poëtes de faire infraction aux loix de la Grammaire, & de s'élever au-deſſus des regles, pourvu qu'il en réſulte, ainſi que nous l'avons dit, ou une beauté pour la penſée, ou un agrément pour l'oreille. La poéſie françoiſe, poéſie la plus difficile qu'il y ait jamais eu en aucune Langue, n'eſt déjà que trop gênée, trop reſſerrée, trop timide, trop circonſpecte ; & heureux les Poëtes qui ont aſſez de génie pour prendre, ainſi que Racine, des li-

____

(1) C'eſt pour les Elégans de Cour qui affectent en parlant un puriſme précieux & conforme à la Syntaxe, qu'a été fait le couplet ſuivant :

Air : *Hélas ! Maman, pardonne{, je vous prie.*

Depuis qu'Almon à l'Etude s'applique ;
On voit qu'il fait l'Ariſtarque important :
Sans ceſſe il tranche, il reprend, il critique,
Almon n'eſt plus un aimable ignorant :
Il étoit doux, il étoit pacifique ;
Mais qu'il eſt ſot depuis qu'il eſt ſçavant !

Ceci n'eſt point dit pour dégoûter perſonne de devenir ſçavant, mais pour faire voir que rien n'eſt plus modeſte qu'un vrai Sçavant.

B

cences & des hardieffes qui forment de grandes beautés dans leurs ouvrages, & qui enrichiffent la Langue dans laquelle ils ont écrit.

Article Premier.

Quand il faut retrancher la Négation dans les phrafes douteufes.

Nifi aliquid efficitur, redundat.

1°. Dans les prépofitions *avant que*, *plutôt que*, &c., la négation paroît être redondante, & jamais les Latins n'ont dit : *Antequàm hoc non facias, priùs quàm non agas*, &c., & la Langue françoife paroît avoir adopté cette locution latine, fans qu'on puiffe à la vérité conclure pour cela qu'elle doive en tout fe conformer au génie des Latins ; car quoi qu'on dife en latin une chofe de certaine maniere, & par de certaines regles, ce n'eft pas une raifon pour dire en françois la même chofe par les mêmes regles. La Langue Françoife eft fille de la Langue Latine, & quelque déguifement que l'ufage puiffe lui faire prendre, on la reconnoîtra tou-jours. Elle n'eft, il eft vrai, ni auffi belle, ni auffi riche, ni auffi grande qu'elle, &

la fille n'a pas tous les traits de la mere ; mais on reconnoît toujours qu'elle eſt ſa fille. Enfin l'uſage eſt le maître des Langues : quand l'uſage varie , quand il eſt partagé , on a le choix ; quand il eſt général , conſtant , univerſel , il faut s'y conformer. Or l'uſage pour *avant que* & *plutôt que* n'a jamais été d'accompagner ces mots de la particule négative , puiſqu'au lieu de contribuer au ſens de la phraſe , on y déroge par la négation ; car ſi je dis *avant que* vous *ne* faſſiez cela , je ſuppoſe donc qu'on ne fera pas cela , cependant on doit le faire & on le fera , mais *avant qu'*on le faſſe , je vous prie d'attendre & de faire autre choſe qui paroît plus néceſſaire : Que je meure *avant que* ou *plutôt que* j'oublie vos bienfaits. Si je dis : *avant que* je *n'*oublie , je détruis par la négation l'affirmation que je donne , & le ſerment que je fais devient nul. Socrate étoit encore gai un quart-d'heure *avant qu'il* mourût. Si j'exprime la négation en diſant *avant qu'il ne* mourût , je ſuppoſe donc qu'il ne mourut pas au moment que je veux déſigner. *Avant que* & *après que* ne peuvent & ne doivent jamais être accompagnés de la négation , parce que l'un déſigne une choſe qui ſe fera , & l'autre

une chofe qui a été faite, ou qu'on re-
garde comme faite. On ne doit louer les
hommes qu'*après qu'*ils font morts ; quel
fens auroit la phrafe fi l'on écrivoit qu'*a-
près qu'ils ne* font morts ? La raifon qui
fait exclure la négative dans *après que*,
doit donc également la faire exclure dans
avant que. Au refte l'Académie Françôife,
car c'eft elle qui a formé la Langue, qui
a perfectionné la Langue, & qui eft la
regle & l'oracle de la Langue, dit expref-
fément : *avant que vous veniez*, & non
avant que vous *ne* veniez. Voyez *avant que*
dans le Dictionnaire de l'Académie.

Cependant comme l'imagination eft
fertile en toutes fortes d'expreffions, &
que l'efprit fçait toujours faire obéir la
Langue à fes idées, je ne nie pas qu'il n'y
ait des circonftances où l'on puiffe accompagner *avant que* & *après que* de la négation. Mais alors c'eft par antiphrafe, &
c'eft pour révoquer en doute la certitude
de l'affirmation, par exemple : je ne revien-
drai de Verfailles qu'*après que* j'aurai obtenu cette grace. Ah ! dites, lui répondra-
t-on, qu'*après que* je *n*'aurai obtenu cette
grace, car je fuis fûr que le Miniftre ne
vous l'accordera pas : *Avant que* je parte
pour Verfailles, je veux voir jouer Zaïre.

Ah ! dites *avant que* je *ne* parte , car je vous empêcherai bien de me quitter , dira une tendre épouse à son mari , &c. Mais ces sortes de locutions qui ne peuvent être en usage que dans le style familier , font voir précisément qu'on ne doit jamais accompagner *avant que* & *après que* de la négation.

2°. Lorsque les adjectifs & adverbes de comparaison renferment la négative dans le premier membre de la phrase , il n'est pas nécessaire (je crois , ce me semble) de la redoubler , puisque alors elle devient redondante & nuit même au sens de la phrase. Les provinces *ne* doivent pas payer *plus* qu'elles reçoivent , & non *plus* qu'elles *ne* reçoivent ; car si vous redoublez la négation , vous donnez un autre sens que celui que vous voulez faire entendre. Turenne en mourant *ne* laissa pas *moins* de regrets à la France , qu'il laissa de vertus à l'univers. Si vous dites qu'il *ne* laissa ; vous ferez donc entendre qu'il laissa des vices , puisque vous ôtez par la négation le mot de vertus. Aristide *n'*étoit pas *moins* sçavant qu'il étoit juste ; si vous dites qu'il *n'*étoit juste ; vous faites disparoître l'idée de justice que vous voulez attacher au nom d'Aristide. Les Visirs des Despotes *n'*ont pas ordinairement plus de probité qu'il faut ; si vous dites qu'il *ne* faut , vous faites un contre-sens ; car enfin vous voulez exprimer que ces Ministres doivent avoir de la probité ; mais que par malheur pour les hommes , ils n'en ont pas ordinairement *plus* qu'il est nécessaire d'en avoir , & non *plus* qu'il *n'*est nécessaire. La poésie d'Homere *n'*est pas *moins* harmonieuse que l'est celle de Virgile , c'est-à-dire que celle de Virgile est harmonieuse , & non que celle de Virgile *n'*est harmonieuse. La fortune *ne* traita pas *mieux* Brutus à Philippe, qu'elle avoit traité Pompée à Pharsale ; oserez-vous écrire qu'elle *n'*avoit traité ? On trouve en Egypte , dit Platon , des ouvrages en peinture & en sculpture depuis dix mille ans , qui *ne* font ni *plus* ni *moins* beaux que le font ceux d'aujourd'hui ; si vous dites que *ne* le font , vous ôtez la beauté aux ouvrages d'aujourd'hui. César *n'*éprouva pas moins de maux qu'il en avoit faits ; direz-vous qu'il *n'*en avoit faits , puisque vous assurez qu'il en a faits ? L'Anglois *n'*a pas pour la mort *plus* de mépris que j'en ai ; si vous dites que je *n'*en ai , vous *n'*imitez donc pas les Anglois , &c. ?

Mais comme il n'y a point de regles

fans exception , peut-être y a-t-il dès cas où l'oreille & le fens exigent à la fois la négation dans les deux membres de la phrafe ; comme il y a peut être auffi des circonftances où l'on rejette toute négation : ce qui arrive (ce me femble ,) lorfque les phrafes font interrogatives , non par dubitation , mais par épiphonême , c'eft-à-dire par affertion , par exemple : *peut-on être plus* malheureux que je le fuis ? Je n'oferois pas écrire que je *ne* le fuis , quoique la regle l'exige , pourquoi ? c'eft que l'oreille & le fens s'y oppofent ; l'oreille eft bleffée , & l'efprit eft révolté. Qui a fçu imiter Caton *plus* parfaitement que le fit Brutus ? Je n'oferai jamais dire que *ne* le fit Brutus , parce que la phrafe , étant interrogative par affertion , renferme celle-ci : Perfonne *n'a* fçu imiter Caton *plus* parfaitement que l'imita & non que *ne* l'imita Brutus. La négative eft également fous-entendue & renfermée dans le premier membre de cette phrafe : *Peut-on être plus* malheureux que je le fuis ; c'eft-à-dire , aucun homme *n'eft plus* malheureux que je le fuis , & non que je *ne* le fuis. Les Rois *trouvent-ils* des adorateurs *plus* finceres & *plus* fidelles que le font les adorateurs des belles & des amis ? Si nous ôtons le second nominatif mis après le premier verbe par anastrophe , nous trouverons la négation : les Rois *ne* trouvent pas des adorateurs *plus* fidelles que le font les adorateurs des belles & des amis. Renversons la phrase à présent , & au lieu de rendre le premier membre affirmatif par épiphonême, rendons-le négatif : Les belles & les amis *ne trouvent-ils* pas des adorateurs *plus* sinceres & *plus* fidelles que *ne* le font les adorateurs des Rois ? La négation se trouve alors renfermée dans les deux membres à la fois , pourquoi ? parce qu'en supprimant le second nominatif mis par anastrophe ou par euphonie après le premier verbe , la phrase se trouve ainsi construite : Les belles & les amis trouvent des adorateurs *plus* fidelles que *ne* le font les adorateurs des Rois , &c. Il faut admettre une grande différence entre la phrase interrogative par assertion , & la phrase interrogative par dubitation : Aucun Courtisan *est-il* citoyen ? aucun Courtisan *n'est-il* citoyen ? Ces deux phrases , quoiqu'on les suppose interrogatives l'une & l'autre , offrent à l'esprit un sens bien différent ; la premiere est affirmative , c'est-à-dire, interrogative par assertion ou par épiphonême , & la seconde est vraiment dubitative : Tant de fiel *entre-t-il* dans l'ame des dévots ? c'eft-à-dire, tant de fiel *n'*entre pas. *Tantùm potuit fuadere malorum Religio ?* La Religion *caufe-t-elle* tant de maux ? c'eft-à-dire la Religion *ne* caufe pas, *ne* doit pas caufer tant de maux. Dieu exifte, aucun homme en *doute-t-il* ? c'eft-à-dire *n'*en doute pas. Les planetes font habitées, aucun homme *n'*en doute-t-il ? Cette derniere phrafe differe beaucoup de la premiere, & l'une eft interrogative par affertion, & l'autre par dubitation. On voit par-là que l'interrogation par épiphonême ou par affertion devient toujours une antiphrafe relativement à la négative, car fi la négation eft exprimée, la phrafe eft affirmative : Chaque homme *n'*eft-il *pas* heureux fous un Roi citoyen ? c'eft-à-dire ; chaque homme *eft* heureux fons un Roi citoyen ; & c'eft ici vraiment que les deux négations valent une affirmation. Si au contraire la négative eft fupprimée, elle refte fous-entendue, & la phrafe ceffe d'être affirmative : *Eft-il* des malheureux fous un Roi citoyen ? c'eft-à-dire, *il n'y a point* de malheureux fous un Roi citoyen : Tous les hommes *ne font-ils pas* nés bons ? c'eft-à-dire, tous les hommes *font* nés bons, &c.

Quand les phrafes font purement comparatives , & qu'elles ne renferment aucune interrogation par épiphonême , la négative doit toujours se trouver dans l'un des deux membres de la phrase , ou exprimée ou sous-entendue : La vertu vaut *mieux* que les richesses , c'est-à-dire , que *ne* valent les richesses. Quand il se trouve une conjonction , un adverbe , un adjectif , &c. après le *que* comparatif , la négation reste toujours également sous-entendue : Celui qui vous ôte l'honneur ou croit vous ôter l'honneur , fait *pis* que s'il vous assassinoit , c'est-à-dire fait *pis* qu'il *ne* feroit en vous assassinant , ou s'il vous assassinoit. La Gazette Ecclésiastique est *plus* froide que la baleine , plus endormissante que la torpille , c'est à-dire *plus* froide que *ne* l'est une baleine ; *plus* endormissante que *ne* l'est une torpille. Caton , pour recouvrer la liberté , pouvoit prendre d'*autres* moyens que ceux dont il se servit , c'est-à-dire , que *ne* furent ceux qu'il mit en usage : César *ne* put arriver avec *plus* de diligence , qu'on *ne* s'en apperçût. Ici les deux négations sont nécessaires , parce que la seconde ne tombe pas sur l'adverbe comparatif qui devient supprimé , ainsi que son verbe , mais ils restent toujours sous-entendus : César *ne* put faire *plus* de diligence qu'il

en mit , & non qu'il *n*'en mit , *sans qu'on
ne s'en apperçût* , &c. On peut donc (ce
me semble) établir pour regle générale ,
qu'une seule négation doit être suffisante
dans les phrases comparatives , & que la
seconde est ordinairement redondante &
superflue. Il me paroît que c'est l'opinion
de l'Académie Françoise , Juge souverain
en matiere de grammaire & de goût, parce
qu'elle s'exprime ainsi dans la Préface de
son Dictionnaire : *Cette guerre ne fut pas
moins heureuse qu'elle étoit juste* , & non
qu'elle *n'étoit juste.*

3°. Lorsque entre deux verbes le *que* ne
s'exprime pas par *quin* , *nè* , *quominùs* ,
&c. , mais par *utrùm* , *quòd* , *ut* , *usque-
dùm* , &c. , la négation devient redondante : je *doute* qu'aucun homme soit plus
vertueux que Caton , & non pas *ne* soit :
dubito utrùm , &c. ou *quòd* , ainsi qu'on
s'exprimoit quelquefois dans la basse latinité : Il est *douteux* que le courtisan jouisse
des vrais biens , & non pas *ne* jouisse : Je
doute que vous & moi soyions philosophes,
& non pas *ne* soyions &c. *Dubitatur utrùm,*
& non *quin* &c. On ne jouira point de la
félicité publique , *jusqu'à ce* qu'on préfere
le bien général au bien particulier , & non
jusqu'à ce qu'on *ne* préfere ; *donec* , ou

ufquedùm, & non pas *quin* &c. *Tant s'en faut* que Brutus fut vaincu, & non *ne* fût vaincu par Augufte, c'eft *qu'au* contraire il défit Augufte. *Tantùm abeft ut* &c. *ut è contrà* &c. *Loin que* la philofophie nuife, & non pas *ne* nuife, *c'eft qu'*elle rend les hommes plus citoyens, & plus portés au bien général qu'au particulier : *tantùm abeft ut* &c. *ut è contrà* &c. Obfervez, je vous prie, que fi l'on admettoit la négative au premier membre de la phrafe, il faudroit auffi l'admettre au fecond, puifque les deux *que* font analogues, font relatifs, fe répondent mutuellement, & s'expriment l'un & l'autre de la même maniere. Il en eft de même avec *plus*, *moins*, &c. lorfque ces adverbes font redoublés, & qu'ils fe rapportent l'un à l'autre : *Plus* vous ferez philofophe, *plus* vous aimerez les hommes, *plus* vous préférerez l'intérêt public à l'intérêt particulier, *plus* vos mœurs feront pures, &c. L'analogie entre ces adverbes eft toujours par affirmation ; & fi vous voulez nier, vous vous fervirez alors de deux négations, en renverfant la phrafe, ou en mettant le paffif à l'actif : *Tant s'en faut* que Brutus *ne* vainquit pas Augufte, *c'eft qu'*au contraire Augufte fut défait par Brutus ; le *que* refte toujours exprimé par *ut.* &c. *Quin* ne fe met après *multùm* ou *parùm abeft,* que parce qu'il n'y a dans la phrafe qu'un feul *que ;* le fens de la conftruction n'en exigeant jamais deux à la fois, lorfqu'on emploie ces deux adverbes de quantité. *Il ne s'en fallut pas de beaucoup,* ou *peu s'en fallut,* ou *il ne s'en fallut de rien,* que Brutus *ne* vainquît Antoine. La phrafe eft complette, le *que* n'a pas befoin d'être redoublé, & alors la négation devient néceffaire, puifqu'elle doit rendre ces mots latins, *quin vinceret,* &c. Mais direz-vous, quel befoin y a-t-il de recourir au latin, & pourquoi fe conformer au génie des Latins ? Et pourquoi, vous répondrai-je, voulez-vous empêcher que la fille ne porte les traits de fa mere ? Je me fouviens qu'un jeune Mylord qui fçavoit parfaitement bien le latin, & qui poffédoit tous fes Auteurs, me demanda un jour fi cette phrafe étoit françoife : *j'efpere vous voir, Monfieur le Comte, fur les trois heures quand je partirai.* Mettez votre phrafe en latin, lui dis-je, & tout de fuite il dit : *fpero* &c. *tempore quo profecturus fum ;* à préfent, continuai-je, tournez votre phrafe latine en françois, & il trouva fur le champ : *temps auquel* je compte partir : locution purement latine que les Anglois n'ont point dans leur langue, parce que leur Langue a pour mere la Langue Allemande, & non la Langue Latine.

ARTICLE SECOND.

Quand il faut admettre la négation.

Conveniat verbo cui apponitur.

Il y a des négations qui viennent du latin, & celles-ci forment le plus grand nombre ; il y en a d'autres que l'usage seul a introduites, & qui ne se trouvent point dans la Langue Latine. Voyons d'abord en général les négations tirées du latin.

1°. Quand, après certains verbes, le *que* se rend en latin par *quominùs* ou par *nè*, le verbe suivant doit toujours être accompagné de la négation : je n'empêcherai jamais que vous *ne* fassiez le bien : Dieu me préserve d'*empêcher* que vous *ne* soyiez bienfaisant : rien n'*empêche* que nous n'aidions les autres : *empêchons* que les brebis *ne* soient dévorées des loups, &c. Lorsque *défendre*, *interdire*, *prohiber*, &c. sont pris dans l'acception d'*empêcher*, le *que* se rend également par *quominùs* ou par *nè*, & demande en françois la négation : *Défendez* qu'on *ne* fasse cette injusrice : pourquoi *interdire* qu'on *ne* puiſſe imprimer ſes penſées ſur le bonheur pu-blic ? *Prohibez* qu'on *n'*écrive des libelles : *qu'il ne tienne* pas à nous qu'on *ne* faſſe le bonheur de chacun : *qu'on* ne préfere ja-mais les richeſſes à l'honneur, &c. ? Quoi-que la négation ſe trouvât renfermée dans le premier verbe, elle ne diſparoîtra pas au ſecond : *Ne défendez* pas qu'on *ne* lui faſſe cette grace : gardez-vous d'*interdire*, ou *n'interdiſez* pas qu'on *ne* lui rende ce ſervice : ne *prohibons* pas qu'on *ne* puiſſe glaner dans les campagnes, &c. Dans ces ſortes de phraſe le *que* s'exprime toujours par *quominùs* ou par *nè*, & alors il exige d'être accompagné de la négation.

2°. Quand ce même *que* s'exprime ſeu-lement par *nè*, on doit l'accompagner de la négation, ce qui arrive toujours après les verbes *craindre*, *appréhender*, *éviter*, *prendre garde*, *trembler*, *avoir peur*, *avoir crainte*, &c., & par conſéquent après les conjonctions *de peur que*, *de crainte que*, &c. *Je crains* qu'on *ne* vous trompe : *j'ap-préhende* qu'on *ne* lui faſſe des reproches : *évitons* que le Ciel *ne* nous puniſſe : *trem-blons* qu'il *ne* nous arrive de dire du mal des autres : *prenons garde* qu'on *ne* nous porte au mal : *ayons crainte*, *ayons peur*

qu'on *ne* nous blâme , &c. Mais ſi la négative accompagne le premier verbe , le
que ne ſe rend plus par *nè* , mais par *ut* ou
par *nè non* ; car on trouve dans Térence :
*non vereor ut id fiat , & non vereor nè non
id fiat* ; & alors ou l'on fait diſparoître la
négative au ſecond verbe , ou l'on ſe ſert
de deux négations : Je *ne crains pas* que
vous liſiez trop : nous n'*appréhendons pas*
que vous deveniez ſçavant : il *ne faut pas*
éviter qu'on lui rende ce ſervice : je *n'ai
pas peur* qu'on blâme Caton , &c. Si vous
voulez donner au ſecond verbe de la phraſe
un ſens contraire , en conſervant toujours
la négation au premier verbe , vous vous
ſervez alors de deux négations : Je *ne crains
pas* qu'on *ne* blâme *pas* Céſar. Nous *n'appréhendons pas* que vous *ne* ſoyiez *pas* généreux : vous *n'éviterez* jamais de *n'être
pas* bienfaiſant , &c. On peut mettre auſſi
la double négation au ſecond verbe , ſans
que le premier ſoit accompagné d'aucune
négative : je *crains* qu'il *ne* vienne *pas* ;
timeo nè non veniat : je *crains* qu'il *ne*
vienne ; *timeo nè veniat* , &c. Je crains
qu'il *ne* vienne *pas* , vous parlez de quelqu'un dont vous déſirez la préſence. Je
crains qu'il *ne* vienne ; vous parlez de
quelqu'un dont vous craignez la préſence ;

& c'est à la Langue Latine que la Françoise doit cette délicatesse ; délicatesse que
la Langue Italienne, quoique l'aînée, &
la Langue Espagnole, quoique la puînée,
ne peuvent saisir, je crois, faute de n'a-
voir pas sçu varier assez leurs négations,
&c. En un mot, avec les verbes *craindre*,
appréhender, &c., la négation doit toujours accompagner ou le premier verbe ou
le second, ou si vous voulez la renfermer
dans tous les deux, vous vous servez alors
de deux négations pour rendre votre second
verbe affirmatif, comme dans cet exemple : je *ne crains pas* qu'on *ne* blâme *pas*
César, &c.

3°. Lorsque après les verbes de *doute*
le *que* s'exprime par *quin*, il exige toujours
la négation : je *ne doute pas* que Louis XII
ne fût un grand citoyen, & *ne* fût vraiment appellé le pere de son peuple, &c.
Mais si le *que* s'exprime par *quod* ou par
utrùm, ce qui arrive toujours lorsqu'il n'y
a plus de négation avec le premier verbe,
alors le second verbe suit le régime du premier, & ne demande point de négative :
je *doute* que César ait jamais été citoyen,
dubito quòd, ou plutôt, je *doute* si César
a jamais aimé le bien public, *dubito utrùm* ;
car je *doute* que, *dubito quòd* est une ex-

preffion de la baffe latinité ; & la Langue
Françoife, ainfi que les Langues Italienne
& Efpagnole, s'eft plus approprié & a plus
emprunté de locutions tirées de la baffe
que de le haute latinité. La négative,
quand il y a verbe de *doute*, doit donc
toujours accompagner & le premier & le
fecond verbe; & fi elle ne fe trouve pas
jointe au premier, elle difparoît au fecond.
Je crois cependant que, dans les phrafes
interrogatives par affertion ou par épiphonême, la négative doit accompagner le
fecond verbe, parce qu'elle eft fous-entendue dans le premier : *Eft-il douteux* qu'on
ne doive mourir pour le bien public ? c'eft-
à-dire : il *n'eft pas douteux* &c. : *non du-
bium eft quin* &c. Mais fi la phrafe eft interrogative par dubitation, la négative eft
fupprimée : *Doutez-vous* que l'on *doive* ou
que l'on *doit* mourir pour le bien public ?
Dubitas-nè utrùm &c. La tournure au fubjonctif eft la tournure latine, & la tournure à l'indicatif vient de la Langue Grecque ; quoiqu'on trouve auffi dans les Auteurs de la baffe latinité : *an dubitas quod
debes* &c.

Après les verbes *il s'en faut peu, il s'en
faut beaucoup, il ne s'en eft fallu de rien,*
&c. foit que le premier membre de la

phrafe renferme une négation , ou qu'il n'en renferme aucune , foit que l'adverbe de quantité foit indéfini : comme il s'en faut de *beaucoup* , il s'en faut de *peu* ; ou qu'il foit défini : comme il s'en faut *du-tout au tout* , il s'en faut de *cent degrés* &c. , le *que* qui précede le fecond-verbe s'exprime toujours par *quin* , & conféquemment exige d'être en François accompagné de la négation : *Il s'en faut beaucoup* que nous *ne* foyions citoyens : *il ne s'en faut pas de beaucoup* que nous *ne* foyions citoyens : *il ne s'en faut de rien* que fous un Roi citoyen , tous fes fujets *ne* foient citoyens , & *ne* préferent le bien public au bien particulier : *il s'en faut de mille degrés* qu'un Roi guerrier *ne* l'emporte fur un Roi citoyen : *il s'en faut du tout au tout* que Charles XII *ne* foit préférable à Louis XII, &c.

Mais il y a une infinité de locutions dans lefquelles le *que* qui précede le fecond verbe de la phrafe , s'exprime toujours par *quin* , & c'eft lorfqu'on peut en françois tourner le *que* par *fans* : Il ne fe paffe aucun jour *qu'il ne* faffe du bien , *fans qu'il* faffe du bien , ou *fans qu'il ne* faffe du bien : je ne puis vous parler *que* vous *ne* vous fâchiez , *fans que* vous vous fâchiez , ou *sans que* vous *ne* vous fâchiez : *quin irafcaris.* Mais la difficulté eft de fçavoir fi, lorfqu'on tourne la phrafe par *sans*, on doit toujours fupprimer la négation : Je ne puis parler de Caton *que* je *n*'admire fa vertu, *sans que* j'admire fa vertu, ou *sans que* je *n*'admire fa vertu. On peut, je crois, dire l'une & l'autre de ces trois manieres ; & c'eft à l'oreille à juger lorfqu'il faut fupprimer la négative ou l'admettre. Mais fi la négation n'eft pas renfermée dans le premier membre de la phrafe, *sans* doit toujours alors marcher fans négation : Je puis parler de Céfar *sans que* j'admire fa vertu : il eft douloureux de fouffrir les injures *sans qu*'on les ait méritées : je puis vous parler *sans que* vous vous fâchiez, &c. On ne peut s'exprimer autrement, & la négation doit difparoître au fecond membre de la phrafe, fi elle n'eft pas renfermée dans le premier. Mais fi vous changez la phrafe, & que vous lui donniez par la négation un fens contraire, par exemple en vous exprimant ainfi : je *ne* puis parler de Céfar, faut-il alors dire, *sans que* je blâme, ou *sans que* je *ne* blâme fon ufurpation ? Il me femble que toutes les fois que *sans* peut fe rendre fimplement par *que*, on fait bien d'admettre la négative avec *fans* : jè *ne* puis parler de Céfar *que* je *ne* blâme fon ufurpation, ou *fans que* je *ne* blâme fon ufurpation : Titus *ne* laiffoit paffer aucun jour *qu'il ne* fît du bien, ou *fans qu'il ne* fît du bien. Mais, direz-vous, pourquoi admettre avec *fans* la négative en françois, puifqu'en latin, foit que le premier membre de la phrafe la renferme, foit qu'il ne la renferme pas, le *quin* eft toujours le même ? *Poffum te alloqui quin irafcaris : non poffum té alloqui quin irafcaris.* Le fecond membre refte toujours le même ; que le premier membre foit négatif, ou qu'il foit affirmatif ; par conféquent on peut laiffer *fans* tout feul, & ne point l'accompagner de la négation en difant : je puis vous parler *fans que* vous vous fâchiez, ou je *ne* puis vous parler *fans que* vous vous fâchiez, &c. Je conviens que c'eft la regle, & que cette regle vient du latin : ainfi l'on peut à la rigueur après *fans que* retrancher toujours la négation. Mais quelquefois l'oreille eft flattée de la fentir, & très-fouvent elle ne devient pas inutile au fens ; c'eft de l'Ecrivain que dépend cette délicateffe, &c. Pour fçavoir s'il faut accompagner le fecond verbe de la négation, pourra-t-on objecter ; vous n'avez qu'à mettre le *fans*

avec l'infinitif ? je *ne* puis parler de Caton
sans l'admirer, donc il faudra dire : *sans
que* je l'admire, & non *sans que* je *ne*
l'admire, puisqu'il n'y a point de négative à l'infinitif. Mais la négation suppri-
mée à l'infinitif, répondrai-je, ne prouve
pas qu'on doive aussi la supprimer au subjonctif, puisqu'on dit : je *ne* l'empêcherai
pas de *faire* le bien, & je *n'*empêcherai
pas qu'il *ne* fasse le bien : on n'incommode jamais personne dès qu'on *craint*
d'être incommode, &c. Je conviens qu'il
n'y a point de négation en tournant la
phrase à l'infinitif, c'est-à-dire en prenant
la tournure de la Langue Grecque ; mais
si je me sers de la tournure latine, il faut
la négation : on n'est jamais incommode,
dès qu'on *craint que* l'on *ne* soit incommode : je *ne* puis parler de Titus *que* je
*n'*admire, *sans que* j'admire, ou *sans que*
je *n'*admire sa bienfaisance, &c. Mais
pourquoi ôter la liberté de retrancher ou
d'admettre la négative avec *sans*, quoique
le premier membre de la phrase soit négatif ? La Langue en est plus riche, plus
variée, plus abondante, & devient plus
commode pour l'Ecrivain.

4°. *Ni*, *nisi*, &c. rendus par *sinon*, *si
ce n'est*, ne demandent point d'être ac-

compagnés de la négation , puisqu'ils la renferment en eux-mêmes , & leur acception est toujours si claire , que ces mots ne peuvent jamais à l'Ecrivain offrir aucune difficulté , non plus que *nec* & *nequè* , rendus par *ni* ; l'usage ajoute seulement à *ni* la négative , ainsi que nous allons l'expliquer plus bas. Autrefois on se permettoit de la supprimer , non quand le verbe précédoit , mais seulement avec le verbe qui suivoit ; puisque *ni* , répondant à *nec* & à *neque* , paroissoit suffisant ; & même avec *à moins que* , on ne mettoit point de négation. Les Poëtes jouissent encore de ces deux priviléges qu'ils ne doivent pas laisser perdre.

Voilà en général les négations que la langue françoise a empruntées de la langue latine ; en voici d'autres que l'usage a introduites.

1°. Après les adjectifs , pronoms , & adverbes négatifs : *plus , mieux , moins , meilleur , pis , moindre , autre , autrement ,* &c. , lorsqu'ils sont suivis d'un *que* de comparaison , la langue françoise a judicieusement adopté la négative avant le verbe de comparaison : César a combattu *plus* qu'il *ne* faut. Le latin dit simplement, *plus* qu'il faut : *pugnavit Cesar plus quàm satis est.*

Le fyftême du réfroidiffement du globe eft
par lui-même *mieux* défendu , qu'il *n'*eft
attaqué : *meliùs ex fe defenditur quàm op-
pugnatur ,* la négation difparoît en latin.
Nous fommes tous attachés à l'intérêt *plus*
qu'il *ne* convient. Térence dit feulement,
plus qu'il convient : *attentiores fumus ad
rem omnes* (plus) *quàm fat eft,* &c. Aucune
langue de l'Europe, je penfe, n'adopte la
négation dans cette occurrence , *più che e
bifogna ,* dit l'Italien : *more than it is ne-
ceffary ,* dit l'Anglois. Le Roi d'Angleterre,
puifqu'il ne peut faire que le bien, eft *plus*
l'image de Dieu fur la terre, que *ne* le font
tous les Defpotes : *che fono ,* dit l'Italien :
than are , difent les Anglois , fans négation, &c. Caton citoyen, penfoit *autrement*
que *ne* penfoit Céfar ufurpateur : Catilina
eft un grand citoyen , pardonnez-moi, il
eft *autre* que vous *ne* dites, il eft tout *autre*
que vous *ne* penfez, &c. Les Auteurs de la
baffe latinité écrivoient : *alius eft quàm credis : egit altero modo quàm dicis ,* &c.
L'Italien dit : *e altero che dice ,* & l'Anglois :
he did otherwife than you fay , &c. Nulle
langue vivante, je penfe, n'exprime ici la
négation. Mais il faut convenir que la langue françoife, en exigeant la négative dans
ces fortes de locutions, fe conforme beaucoup

coup mieux au génie de la Grammaire ;
car en se servant de ces mots : *mieux, plus,
moins, autre, autrement,* &c., on affirme
une chose contraire à ce que l'on a dit, &
l'on nie réellement que la chose soit ainsi
qu'on le prétend, puisqu'on soutient qu'elle
est *meilleure, moindre, autre, autrement,*
&c. Peut-être aussi que le premier Poëte
qui a hasardé d'admettre la négative en
cette circonstance, n'a consulté que son
oreille, ou le nombre des syllabes de son
vers, &c.

2°. Après *ni, nisi, nec, neque,* &c.,
l'usage a introduit la négation, lorsque ces
mots, *ni, nisi,* ont l'acception d'*à moins
que,* & sont rendus par *à moins que.*
Anciennement on disoit : *à moins que vous
fassiez ;* & Bossuet, dans ces belles Oraisons
funebres, dit toujours : *à moins que Dieu
fît ce miracle en elle,* &c. Aujourd'hui, il
faut dire en prose : *à moins* que vous *ne*
fassiez ; *à moins que* Dieu *ne* fît ce miracle;
& il faut convenir que cette négation est
néceffaire, puisque dans *à moins que,* qui
vient de *minùs quàm,* on ne voit aucune
trace de négation ; car il n'en est pas d'*à
moins que,* comme de *sinon, si ce n'est,* &c.,
où la négation se trouve exprimée. Mais
pourquoi avoir accompagné de la négation

les particules *ni*, puisque par elles-mêmes elles sont négatives ? *Ni* vous, *ni* lui, *ni* moi, sommes citoyens comme Caton ; il faut nécessairement en profe dire aujourd'hui : *ne* sommes citoyens, &c. *Invaluit usus* ; apparemment que c'est par euphonie que l'usage l'a introduite, & qu'elle n'est admise dans cette occurrence que comme particule explétive. Il est vrai que lorsque le verbe marche le premier, on ne peut supprimer la négative, même en poésie, même en aucune langue : Nous *ne* sommes citoyens, *ni* vous, *ni* lui, *ni* moi, comme Caton. Le Philosophe *ne* connoît *ni* la haine, *ni* l'envie, *ni* la jalousie, *ni* la vengeance. Il *ne* dépend de nous de naître *ni* dans tel point de l'espace, *ni* dans tel point de la durée, &c. Il faut cependant toujours excepter les phrases interrogatives par épiphoneme ou par assertion : *Est-ce* que Montagne & Charron doivent être préférés *ni* à la Bruyere, *ni* à la Rochefoucaut ? où, Montagne & Charron *font-ils* préférables *ni* à la Bruyere, *ni* à la Rochefoucaut, &c. ? Mais la négative est sous-entendue, & c'est comme si l'on disoit : Montagne & Charron *ne* font préférables *ni* à la Bruyere, *ni* à la Rochefoucaut, &c.

3°. La négation accompagne toujours

nul, quand *nul* a l'acception d'*aucun*, &
peut fe tourner ou fe changer par *aucun*.
Il *n'*eft *nullement* content : je *n'*ai *nulle*
lettre à lui écrire : *Nul* Auteur *n'*eft riche,
& *nul* Financier *n'*eft pauvre : Je *ne* l'ai en-
voyé *nulle* part : La faveur *n'*eft de *nulle*
confidération pour le Philofophe : Il *ne*
convient à *nul* homme de préférer le bien
particulier au bien général : Quand on tra-
vaille, on *n'*a *nul* befoin du riche, &c.
Dans toutes ces phrafes, *nul* tient toujours
la place d'*aucun*, ou plutôt de *non ullus*,
ou de *non aliquis*; & vous pouvez fubftituer *aucun*, *aucunement*, *aucune*, à *nul*, *nullement*, *nulle*, &c.

Mais fi *nul* eft pris pour ce qu'il doit
être, c'eft-à-dire, pour *nullus*, & qu'il re-
tienne cette acception qu'il n'auroit jamais
dû perdre, la négation ceffe alors de l'accompagner : Les titres de nobleffe font *nuls*
pour le citoyen, & non pas *ne* font *nuls*,
parce que *nuls* ne peut ici fe tourner par
aucun. Il en eft de même dans les phrafes
fuivantes : Votre procès eft *nul* : Les No-
bles & les Moines font *nuls* chez les Infur-
gens : Votre ferment eft *nul* : Ce teftament
eft de toute *nullité* : Le petit-maître a de
la *nullité*, &c.

Il faut obferver que tous ces pronoms

négatifs : *nul, aucun, perfonne, qui que ce foit,* &c.; ceffent de prendre la négation, lorfque la phrafe eft interrogative par affertion ou par épiphoneme, & non interrogative par dubitation : Dieu exifte, *perfonne* en doute-t-il ? *Aucun* homme, *nul* homme, *qui que ce foit* en *doute-t-il ?* c'eft-à-dire, *n'en* doute pas ; & la négation, quoique non-exprimée, refte toujours fous-entendue. Mais fi la phrafe eft interrogative par dubitation, la négative doit s'exprimer : Tous les Grands de la terre font plus portés au bien général qu'au particulier : *aucun* homme *n'*en doute-t-il, &c. ? (Voyez plus haut à l'article *plus,* ce qu'il eft dit des phrafes interrogatives par épiphoneme & par dubitation.)

Quand ces mêmes pronoms : *nul, aucun, perfonne, qui que ce foit,* &c. , peuvent fe tourner en latin par *nemo,* ils prennent toujours la négation : *Nul* homme , *aucun* homme , &c. , *n'*eft content de fon fort : *nemo forte fuâ contentus,* &c. Mais s'ils ne peuvent être pris dans l'acception de *nemo,* la négation ceffe de les accompagner : Je doute qu'*aucun* homme aime l'efclavage : *Aucun* ne peut avoir ici la fignification de *nemo* ou de *nullus,* & il eft pris pour *aliquis,* d'où *alcuno* premierement, & enfuite *aulcun* & *aucun* ont été formés , &c.

4°. Après les verbes privatifs , comme *nier*, *défavouer*, *difconvenir* , *défefpérer* , &c. ; lorfque la négation les précede , & qu'ils deviennent doublement négatifs, la langue françoife adopte toujours la négative dans le fecond membre de la phrafe : Je *ne nie pas* , je *ne difconviens pas* , &c. que l'on *ne* doive préférer le bien public au particulier : Il *n'eft pas impoſſible* que nous *ne* devenions citoyens : Nous *ne défefpérons pas* , ô Titus , que vous *ne* veniez à bout de nous rendre vertueux ; & cependant l'on dit : je *ne défapprouve pas* que vous lui rendiez ce fervice , fans admettre la négative au fecond membre de la phrafe ; ce qui feroit croire que l'ufage des négations après certains verbes privatifs vient du latin , & que les Auteurs , foit de la haute, foit de la baffe latinité, exprimoient le *que* par *quin* dans ces fortes de locutions , &c.

On ne peut difconvenir que la Langue Françoife ne foit de toutes les Langues qu'on parle aujourd'hui en Europe la mieux réglée , la mieux *principiée* , fi je puis m'exprimer ainfi , (1) graces à l'établiffement

____

(1) La mieux fondée en principes , & non *principiée* ;

de l'Académie Françoise ; & que ceux qui écrivent en cette Langue n'éprouvent que très-peu de difficultés , puifque tout est expliqué , tout eft développé, tout eft applani , tout eft approfondi , enforte que l'Ecrivain ne rencontre plus aucun obftacle à furmonter. Il n'y a que les *négations*, les *articles* , & quelques *verbes neutres* , pris tantôt à l'actif & tantôt au paffif, qui occafionnent encore quelques méprifes à nos Ecrivains. Mais ce font des ombres légeres dans un tableau dont l'ordonnance eft la plus parfaite qu'il foit poffible, relativement à la *dégénération des Langues* (1); car aucune des Langues actuellement vivantes en Europe peut-elle fe comparer aux Langues anciennes ? Il y a plus de trois mille ans qu'Homere a écrit fes poëmes , & l'on ne fçauroit comprendre comment la Langue Grecque avoit alors pu

puifque *principier* ne fe trouve en aucun Dictionnaire. Mais parce que les Latins n'ont pas dit *principiare* , faut-il que les François ne puiffent dire *principier* ? *Endormiffante* , terme dont je me fuis fervi plus haut, en parlant de la *Gaz. Eccléf.* ne fe trouve non plus dans aucun Dictionnaire. Cependant je les crois d'ufage l'un & l'autre.

(1) Le Lecteur eft prié d'obferver que l'Auteur ne parle ici que par des *peut-être* , des *il femble* , des *on pourroit croire* ; & qu'il ne donne fon opinion touchant *la dégénération des Langues* , que comme un fyftême, une pure imagination, une hypothèfe , une *rêverie* même fi l'on veut, &c.

acquérir cette force, cette harmonie, cette grace, cette abondance, qui la rendent la plus belle de toutes les Langues. Que l'on confidere qu'il n'y avoit point alors d'imprimerie, & que les connoiffances dans l'art d'écrire n'ont dû fe tranfmettre que très-difficilement, très-lentement, & après un fi grand nombre de fiecles que l'imagination en eft effrayée. On pourroit donc croire, contre l'opinion de M. de Fontenelle, que les hommes d'alors étoient peut-être plus intelligens & plus parfaits que ne le font ceux d'aujourd'hui : ce qui feroit fort en faveur de l'hypothèfe du *refroidiffement du globe* ; car tout balance dans la nature en faveur de ce fyftême ingénieux, & le phyfique & le moral, & le paffé & le préfent & l'avenir, mais furtout l'avenir dont nous pouvons juger par le paffé, &c. Mais parmi les caufes morales produites par le refroidiffement du globe, je crois qu'on peut alléguer la *dégénération des Langues*, quoique le defpotifme n'ait peut-être auffi que trop influé à les rendre dégénérées. M. de Fontenelle, pour prouver fon opinion en faveur des modernes, demandoit fièrement fi la nature produifoit du temps des anciens des arbres plus grands, plus beaux &

plus chargés de fruits que ceux qu'elle produit aujourd'hui ; si la terre étoit plus peuplée, & d'hommes, & d'animaux & de végétaux ; si les meres étoient plus fécondes, (1) &c. ? Le système de la *chaleur centrale* sembleroit devoir décider la question.

L'Abbé de Maroles dit au commencement de ses *Mémoires* qu'il écrivoit en 1680 : qu'il lui avoit paru que depuis 1600, 1609, 1612 &c., temps de son jeune âge, les arbres étoient plus verds ; qu'ils donnoient plus de fruits ; que le jardinage étoit plus abondant ; que les prairies étoient plus émaillées de fleurs ; que la vigne produisoit plus de raisins, &c. (2) Et ce qui paroîtra fort singulier, c'est que depuis cette époque il n'est plus arrivé de tremblement de terre à Paris ; car le dernier tremblement (tremblement considérable, & qui ait fait époque) est précisément de 1601, année de la naissance de Louïs XIII :

____

(1) L'Histoire dit que les trois Horaces étoient gémeaux, & que les trois Curiaces étoient aussi gémeaux, ou plutôt trigémeaux, ou tridymes, car Tite-Live les appelle toujours *trigemini*, &c. Aujourd'hui, si une mere accouche de trois enfans à la fois, les *trigémeaux* ne vivent pas huit jours ; & l'Histoire moderne n'offre aucun trait semblable à celui des Horaces & des Curiaces, *Rowe, in Tull. Host.*

(2) Tom. 1. pag. 20. ann. 1609.

fur quoi les flatteurs de Cour ne manque-
rent pas de complimenter le nouveau Mo-
narque (1).

Les vieillards d'aujourd'hui difent auffi
que depuis 1725, année remarquable par
fes longues pluies, ils n'ont plus vu d'étés
à Paris, ou du moins que les étés n'y font
plus auffi conftamment beaux & chauds
qu'ils l'étoient auparavant; enforte qu'aujourd'hui, ajoutent-ils en riant, les poëtes
ne fe plaignent plus dans leurs pieces de
vers de ce que la glace leur a manqué,
comme on le voit encore dans les pieces
de Laynez, &c. (2) Je conviens cependant
qu'il peut y avoir un peu de prévention
ou d'exagération dans ces récits : *Laudator*
(*Senex*) *temporis acti* ; & ce qui me

(1) La terre tremble ; ne témoigne-t-elle pas fon refpect ;
ne déclare-t-elle pas fa peur ? Le jeune Prince a affez de
majefté dès le berceau pour fe faire adorer, affez de force
pour fe faire craindre. La terre branle, elle fecoue fes
t rans, &c. *Penf. ingén.* p. 52. Edit. de Cramoifi. Voyez
à la Table, *Pointes*.

(2) A propos de Poëtes, qui dans leurs pieces de vers
ont marqué des époques, on peut citer ici Mellin de St-
Gélais qui, dans un de fes petits Poëmes, affure avoir
préfenté à *deux Demoifelles, le premier jour du mois de
Mai,* un *plat de cerifes nouvelles.* Il ne dit pas un bou-
quet, mais un p!at, une corbeille ; il eft vrai qu'il ajoute
qu'elles fe font hâtées de croître.

> Qui fe font, je penfe, hâtées
> Pour de vous deux être tâtées.

porteroit à le croire, c'est que Madame de Sévigné disoit en 1676, année fort distante de 1725 : « Il y a plus de dix ans » que j'avois remarqué qu'on se chauffoit » fort bien aux feux de la S. Jean (1) ».

Mais voici quelques passages de Platon qui paroîtront peut-être plus dignes d'être observés. En plusieurs endroits de ses Ouvrages, Platon s'exprime toujours de la sorte : *Les Anciens qui valoient mieux que nous*, &c. (2) & je le crois bien, puisque Homere & Moïse, les deux plus anciens de tous les Auteurs, n'ont jamais pu être égalés, je ne dis pas surpassés, mais égalés. Je cite Moïse, parce qu'il est auteur du Livre de Job, qu'on peut regarder comme un morceau de poésie sublime ; d'ailleurs Moïse est cité par Longin. Dans d'autres endroits des ouvrages de Platon, il est dit : « Nous avons appris par tradition com-

Mais on peut conjecturer de-là qu'il n'étoit pas absolument rare du temps de Mellin de St-Gélais, c'est-à-dire, il y a deux cens cinquante ans, de voir des cerises dans les vergers au premier de Mai, &c. Si l'on considere que St-Gélais vivoit sous les années Juliennes, & que le premier Mai de son temps tomboit précisément au 10 Mai d'aujourd'hui, la chose paroîtra moins surprenante, mais sera toujours un peu surprenante.

(1) *Lettr.* du 24 Juin 1676, Tom. 4.
(2) *Philebe*, pag. 243, Trad. de G.

» bien étoit heureuse la vie des premiers
» hommes (des hommes du siecle de Sa-
» turne) où la terre fournissoit d'elle-mê-
» me en abondance tout ce qui étoit né-
» cessaire (1) ». Il avoit affirmé un peu auparavant , qu'on trouve en Egypte des ouvrages de peinture & de sculpture faits
depuis dix mille ans , (quand je dis *dix
mille ans* , ajoute Platon , ce n'est pas pour
ainsi dire , mais c'est à la lettre ,) qui ne
sont ni plus ni moins beaux que ceux d'aujourd'hui (2).

L'Auteur ingénieux qui a si bien *mis en
poudre le monde de verre ,* & qui a réchauffé
de sa critique le globe réfroidi , comment
peut-il croire que l'hypothese de M. de B.
soit plus opposée au récit de Moïse , que
ne l'est au récit de Josué l'hypothese de
Copernic ; & comment n'a-t-il pas vu que
toutes les réponses qui servent pour l'une ,
doivent servir aussi pour l'autre ? Quand
je dis *Josué* , j'entends le Livre de Josué ,
l'Auteur du Livre de Josué ; car il est évident que si Josué eût écrit lui-même le
Livre qui porte son nom , il n'auroit pas
dit : *Non fuit anteà , nec fuit posteà tam*

-----

(1) *Loix* , L. 4. pag. 223. Trad. de G.
(2) *Loix* , L. 2. pag. 82. Trad. de G.

longa dies, & il eût dit : *non fuit anteà, nec erit posteà tam longa dies.*

Mais il y a une tradition, objectent de sçavans critiques, & même, ajoutent-ils, les Saints Peres l'ont écrit, que le Messie devoit venir *in medio temporum :* ce qui ne peut s'accorder avec l'hypothese du Livre des Epoques. Mais ce *medium* n'a jamais paru bien clairement expliqué ; & il faut bien que cela soit ainsi, puisque nos aïeux ont toujours cru que le monde devoit finir mille ans aptès la naissance du Messie ; & que c'est d'après cette raison aussi pieuse que solide, qu'ils ont entrepris les Croisades. D'ailleurs, il n'y a qu'à lire les ouvrages des *Millénaires*, opinion tirée des *mille ans* de Platon, pour voir que ce *medium temporum* n'est ni connu ni entendu ; supposé que ce *medium* ne fût pas un mystere, & qu'il pût être susceptible d'explication, car je respecte les opinions théologiques, rien ne le rendroit moins obscur que l'hypothese du Livre des Epoques ; puisque 72000 auroient précédé, & que 72000 doivent suivre.

Pour combattre solidement l'hypothese de l'Auteur du Livre des Epoques, son critique, au lieu de s'attacher à la généalogie des planetes, auroit dû prouver,

1°. que le feu ne fe diffipe point & ne s'évapore point pour toujours, mais qu'il revient de nouveau fe combiner avec les élémens, ainfi que l'eau, laquelle, après s'être évaporée, fe réfout en nuages, enfuite en pluie, & retourne enfin à la mer d'où elle s'étoit échappée. Mais alors on renverra le Critique au *Difcours fur le feu*, chef-d'œuvre de Boerhaave, où cet illuftre Auteur, d'après les obfervations de Cruckius, & les expériences de tous les Sçavans de l'Europe, prouve que le feu doit s'évaporer, fe diffiper, s'échapper, *pour ne revenir jamais*: ce qui luï fait diftinguer deux fortes de feu, le feu élémentaire & le feu alimentaire (1). Or s'il eft démontré que le feu s'échappe pour ne revenir jamais, il eft donc par-là même démontré que la terre doit continuellement fournir un nouveau feu pour fuppléer à celui qui s'eft évaporé; & il ne s'agit plus que de fçavoir fi l'Auteur de la nature a voulu que la mine d'où ce nouveau feu eft continuellement tiré, fût inépuifable.

2°. Le Critique devoit expofer pouruoi le feu eft le feul principe actif qu'on

______

(1) *Quin & poft fumma incendia fylvarum, per multos quandoquè menfes producta, numquàm vel minimum pofted aloris incrementum remanfiffe umquàm compertum fuit, &c.*

connoisse parmi les élémens, & pourquoi
les élémens, dès qu'ils cessent d'être ani-
més par le feu, & d'avoir fait avec lui
société, ne font plus que des masses in-
formes, destituées du mouvement, & li-
vrées à l'inertie ? Pourquoi dans la derniere éruption de l'Ethna la lave, ainsi
qu'une serre chaude, a fait incontinent
reverdir tous les arbres, & les a chargés de
fleurs comme au printemps ? Pourquoi
dans la province de Glocester en Angleterre, il y avoit autrefois des vignes ? (1)
Pourquoi il y en avoit aussi anciennement
en Picardie ; & pourquoi l'on pourroit pré-
dire que dans cinq à six cens ans, il n'y
en aura peut-être plus aux environs de
Paris, puisqu'on voit les Fermiers de vingt
ans en vingt ans diminuer insensiblement
le nombre de leurs vignes, &c. ?

3°. Puisque le Critique bannit la *chaleur centrale*, & qu'il ramène tout au seul
feu du soleil, il devoit donc nous dire
pourquoi la terre, étant plus près du soleil
en hiver de deux millions de lieues environ,
il fait cependant moins chaud sous le tro-
pique du Capricorne que sous le tropiqu

---

(1) Hist. du Comté de Glocester, par M. Rudder
Londres, 1779.

du Cancer ; & pourquoi les chaleurs qu'on éprouve à Alexandrie l'emportent de beaucoup sur les chaleurs du Cap de Bonne-Espérance ? Il auroit pu nous dire aussi pourquoi les Anciens croyoient la zone torride inhabitable ? En jugeoient-ils par les chaleurs qu'ils éprouvoient dans leurs climats, ou avoient-ils réellement tenté de percer dans la zone torride, c'est-à-dire de pénétrer dans l'intérieur de l'Afrique, & les chaleurs les en avoient-elles repoussés ? En ce cas-là, les chaleurs sur la surface du globe terraqueux devoient donc alors, c'est-à-dire il y a trois ou quatre mille ans, être plus grandes qu'elles ne 'e sont aujourd'hui ; & cela pourroit bien être, puisque les Hippopotames par exemple, pour ne citer ici que l'Egypte, se trouvoient dans le Nil en abondance il y a trois mille, & même deux mille ans (1), tandis que depuis long-temps on ne les y rencontre plus, &c. Toutes ces difficultés méritoient bien une explication de la part

---

(1) *Equo fluviatili*, quem gignit Ægyptus, *juba equi*, &c. *Arist. de Hist. Anim. Lib.* 2. *cap.* 7.

Major altitudine in eodem Nilo bellua Hippopotamus editur. *Plin.* (Harduini) *Nat. Hist. Lib.* 8. *cap.* 39.

Fluviatiles equi, Nili alumni. *Ælian. de Nat. Anim. Lib.* 5. *cap.* 53.

d'un Critique éclairé, judicieux & profond, comme M. l'Abbé Royou.

Mais pour en revenir aux négations, dont *la dégénération des Langues* ne m'a que trop long-temps fait écarter, je ne blâme pas, je ne condamne pas ceux qui admettent la négation dans ces sortes de phrases : *avant que* vous *n'écriviez* : il *n'est* pas *plus* sçavant qu'il *n'étoit*, *tant s'en faut* qu'il *n'ait été sage*, &c. ou qui la retranchent dans ces sortes de locutions : *n'empêchez* pas qu'il *fasse le bien*, *ne niez pas* qu'il *soit généreux*, *il n'y a pas jusqu'à* Porcie qui combatte pour la liberté, &c. Mais il ne faut pas qu'ils disent, pour s'autoriser à retrancher la négative, ou à l'admettre dans ces occurrences, ni que c'est la regle puisque nous venons de faire voir le contraire, ni que c'est l'usage puisque le plus grand nombre des Ecrivains n'est pas de leur opinion. D'ailleurs quand l'usage est partagé, on a le choix ; qu'ils ne forcent donc pas les autres à vouloir se conformer à leur maniere d'écrire, & qu'ils soient satisfaits de voir leur opinion respectée.

F I N.

TABLE.

Fin de la Table.

ȯ mains de notre très-cher & féal Chevalier Garde
des Sceaux de France le Sieur HUE DE MIROMENIL;
qu'il en sera ensuite remis deux Exemplaires dans
notre Bibliotheque publique, un dans celle de notre
Château du Louvre, un dans celle de notre très-
cher & féal Chevalier Chancelier de France, le
Sieur DE MAUPEOU, & un dans celle dudit Sieur
HUE DE MIROMENIL : le tout à peine de nullité
des Présentes, du contenu desquelles vous mandons
& enjoignons de faire jouir ledit Exposant & ses
ayans causes, pleinement & paisiblement, sans
souffrir qu'il leur soit fait aucun trouble ou empê-
chemeut. VOULONS qu'à la copie des Présentes,
qui sera imprimée tout au long, au commencement
ou à la fin dudit Ouvrage, foit soit ajoutée comme
à l'Original. COMMANDONS au premier notre
Huissier ou Sergent sur ce requis, de faire pour
l'exécution d'icelles, tous actes requis & nécessaires, sans demander autre permission, & nonobstant
clameur de Haro, Charte Normande, & Letrres
à ce contraires. Car tel est notre plaisir. DONNÉ à
Paris, le trentieme jour du mois d'Août, l'an de
grace mil sept cent quatre-vingt, & de notre Regne
le septieme.   Par le Roi en son Conseil.

LE BEGUE.

*Registré sur le Registre XXI. de la Chambre
Royale & Syndicale des Libraires & Imprimeurs
de Paris, N°. 2104, fol. 369, conformément aux
Dispositions énoncées dans la présente Permission;
& à la charge de remettre à ladite Chambre les huit
Exemplaires prescrits par l'Article CVIII du Ré-
glement de 1723. A Paris, ce 5 Septembre 1780.*

LE CLERC, Syndic.

CATALOGUE

Des Livres qui se trouvent chez le même Libraire.

RÉVOLUTIONS Romaines, de *Vertot*, 3 *vol. in*-12, 6 liv.

— de Suede, 2 *vol. in*-12. 4 liv.

— de Portugal, 1 *vol. in*-12. 2 liv.

Histoire de Malthe, 7 *vol. in*-12. 14 liv.

Recherche de la Vérité, du Pere *Malbranche*, 4 *vol. in*-12. 8 liv.

Etudes des Demoiselles, 2 *vol. in*-12. 5 liv.

Analyse des Conciles, du Pere *Richard*, 5 *vol. in*-4°. 48 liv.

Dictionnaire Poëtique d'éducation, 2 *vol. in*-8°. 8 liv.

— de Littérature, 3 *vol. in*-8°. 12 liv.

— des Cultes religieux, 3 *vol. in*-8°. 12 liv.

— des Artistes, 2 *vol. in*-8°. 8 liv.

— Drammatique, 2 *vol. in*-8°. 10 liv.

— des Passions, 2 *vol. in*-8°. 8 liv.

— des Gabelles, 1 *vol. in*-4°. 8 liv.

— des Monnoies, 2 *vol. in*-4°. 15 liv.

Eloge de la Folie, 1 *vol. in*-8°. 4 liv.

Esprit des Esprits, 1 *vol. in-12.*   2 liv.

Fables de la Fontaine, *in-12.*   1 liv. 16 f.

Maison rustique, 2 *vol. in-4°.*   21 liv.

Histoire de Théodose, 1 *vol. in-12.*   2 liv.

—— de Henri IV, de *Peréfix, in-12.* 2 liv. 10 f.

Paradis perdu, de *Milton,* 3 *vol. in-12.* 7 liv. 10 f.

De l'Homme & de la Femme, 3 *vol. in-12.* 6 liv.

Iphis & Aglaë, 2 *vol. in-12.*   4 liv.

Nouvelle Héloïse, 3 *vol. in-12.*   7 liv.

Eleve de la Nature, 3 *vol. in-12.*   6 liv.

Livres nouveaux.

Abrégé Chronologique de l'Histoire Universelle
par M. *Magnier ;* les deux premieres Parties
paroissent, 1 *vol. in-12* broché.   2 liv. 10 f.

Histoire Générale & Particuliere de la Grece,
par M. *Consin Despréaux,* 4 *vol. in-12* broché.
                                        10 liv.

Dialogues des Morts, de *Lucien,* traduits en
françois, avec des Remarques élémentaires,
à l'usage des Colleges de l'Université, par
M. *Gail,* Docteur Agrégé de l'Université de
Paris.

*Capitularia Regum Francorum. Additæ sunt Mar-
culfi Monachi & aliorum Formulæ veteres, &
Notæ Doctissimorum virorum. Stephanus Baluzius
Tutelensis, in unum collegit, ad vetustissimos
Codices manuscriptos emendavit, Notis illustravit*

magnam partem primùm edidit anno M. DC. LXXVII. *Nova Editio auctior ac emendatior ad fidem autographi Baluzii qui de novo textum purgavit, notaſque caſtigavit & adjecit: acceſſere Vita Baluzii partim ab ipſo ſcripta, Catalogus Operum hûjus Viri clariſſimi cum animadverſionibus hiſtoricis, & Index variorum Operum ab illo illuſtratorum, quorum plurimorum novas meditabatur Editiones. Curante* Petro De Chiniac *, Regi à Conſiliis, Proſeneſcallo Generali Civili Uſerchœ, è Regia Humaniorum Litterarum Academia Montis-Albani. Paris,* 1780, 2 *vol. in-folio,* Figures.

64 liv.

Les Loix criminelles de France, dans leur ordre naturel, par M. *Muyart de Vouglans*, in-folio, relié.

30 liv.

www.ingramcontent.com/pod-product-compliance
Ingram Content Group UK Ltd.
Pitfield, Milton Keynes, MK11 3LW, UK
UKHW022116170726
13837UKWH00003B/1220